世界基準の
脳ミソのつくり方

World Standard Brain

伊東ケイイチ

SOGO HOREI PUBLISHING CO., LTD

はじめに

日本ではかねてより、学校の入試問題や企業の就職試験などにおいては、知識量や情報量を問うようなタイプの問題が多く出される傾向にある。

近年は、発想する力や創造する力を問うような、様々な新しい形の「試験問題」が考案され、入学・入社試験で出題されることもあるようだが、世界と比べてみると、まだまだその数は少ないように思える。

一般的な常識論では決して解けない問題や、注意深く考えなければ解答の端緒もつかめない問題、そして、あらゆる考え方ができ、答えが1つとはいえなさそうな問題や、自分なりに論理を構築し、設問をもとに解答を導き出さなければならない問題などで問われるのは、正解を導き出すことではなく（それはそれで大切なことだが）、「どれだけ柔軟な考え方ができているか？」という「思考の仕方」である。

本書では、その「思考の柔軟さ」を測るための、世界の有名大学の入試や、一流企業の採用試験で取り入れられている考え方をベースにした問題を収録している。

本書の様々な問題に取り組み、楽しみながら解いていくうちに、自然と世界基準の思考法が身につくようになるはずだ。

問題は5段階の難易度順に分けている。難易度が低いものから順に解いていくのもいいし、様々な難易度のものを交互に解いていくのでもいい。

いずれのやり方でも、あなたの頭は柔らかくなり、これまでになかったような思考力が身につくことになるだろう。

伊東ケイイチ

第2章 難易度Ⅱ ★★

第3章 難易度Ⅲ ★★★

第4章 難易度Ⅳ ★★★★

第5章　難易度Ⅴ　★★★★★

第1章

難易度Ⅰ

★

Q1

カメの産卵

問題

10匹のカメが10分間に10個のタマゴを産むとしたら、
20匹のカメは20分間に何個のタマゴを産むだろうか？
10秒以内で答えよ。

ヒント

まずは、１匹が１個のタマゴを産む時間を計算しよう。

解答例

40個。


10匹のカメが10分間に10個のタマゴを産むということなので、1匹のカメは10分で1個のタマゴを産むということになる。

すなわち1匹のカメは20分間に2個のタマゴを産むことになる。

カメは20匹いるので、2個×20＝40個ということになる。

解答に10秒という時間制限をかけられたことによって、つい解答をあせって20個としてしまいがちな場面である。

Q2

1日に2倍の数になる池の花

問題

あなたの家の庭には大きな池があって、そこには毎日正午に倍の数に増える花がある。

池にはあなたが可愛がっているカメがいて、その花をエサにしている。

カメは30日間、毎日1輪ずつ花を食べ続けていた。

月の頭の早朝には1輪の花だったので、倍に増えてもカメが食べるので増えることはないと思っていたのに、なぜか月末の夕方には花が池を覆うほどたくさんあった。

なぜだろうか？

ヒント

カメが花を１日でも食べないと
どうなるだろうか？

解答例

その月は31日あって、ある日1日だけカメが花を食べなかったから。

1日に花の数が倍になるので、月初の早朝に花が1輪だった場合、31日間、毎日カメが花を1輪ずつ食べ続ければ、花は増えることはないが、1日でも食べず2輪になってしまうと、その後いくら毎日カメが花を食べ続けたとしても、追いつかなくなる。

複雑に考えず、落ちついて問題文を読めば、すぐにピンとくる問題である。

Q3

太陽光パネルを洗う

問題

日本にあるすべての太陽光パネルを洗うとしたら、
費用はいくらかかるだろうか？

ヒント

太陽光パネルを設置している場所は
どこだろうか？

解答例

費用はかからない。

すべて、雨が洗い流してくれる。

実際、安易に水道水で洗おうとすると、カルキが付着してしまい大変だという話もあり、通常の汚れは雨で洗い流すのがいいようである。

もちろん、答えはこれだけではない。「費用はいくらかかるか?」という問いに対して、「費用はかからない」と導き出す発想こそが大切である。

Q4

サスケの年齢

問題

サスケは２００１年には23歳だったが、
２００６年には18歳だった。
いったいどういうことなのだろうか？

ヒント

年数の、ある法則に気づくと
正解がわかるはず。

解答例

年数は紀元前のものである。

時が進むにつれて年号の数字が大きくなっていく西暦とは異なり、紀元前の年号は時が進むにつれて、数字が小さくなっていく。

紀元前2001年に23歳だったサスケは、紀元前2024年生まれということになり、すなわち2006年には18歳となる。

固定化している概念を取り払って考えてみることが大切である。

Q5

好みのTシャツ

問題

あなたのタンスは、Ｔシャツで一杯である。

Ｔシャツは好みのものと、好みではないものが混在していて、いつも着るのに迷ってしまう。

迷わず好みのＴシャツを着ることができるようにするためには、どうやって整理すればいいだろうか？

ヒント

「好みのもの」と「好みではないもの」の
2つがあるとしているので、その2つを
どのように整理すべきかを考えてみよう。

解答例

「好みのものを入れておく引き出し」と、「好みではないものを入れておく引き出し」をつくる。

好みのものを入れておく引き出しと、好みではないものを入れておく引き出しを分けておき、洗濯をして乾いた後に、毎回、どちらの引き出しに入れるか判断をすることで、常に、「好みのTシャツが入っている引き出し」を作ることができるので、着るときに迷うことがない。

定期的に、「好みではないもの」が入っている引き出しを見て、不要だと思ったものは処分し、必要だと思ったものは、「好みのものを入れておく引き出し」に移し変えるようにする。

整理で一番大切なのは、「選択と決断」。他にも様々な整理法はあるだろうが、「好みのもの」か「好みではないもの」かを分ける「選択と決断」をよりスムーズにする1つの例である。

Q6

ハイキングのおやつ

問題

ジョンとポールとミックの3人で、近所の山にハイキングに来た。

途中でジョンが持っていたチョコレートを3等分して、3人で食べた。

その後、今度はポールが持っていたチョコレートを3等分して、これも3人で食べた。

さらにチョコレートを食べようとしたとき、ミックはチョコレートを持っていなかったので、ジョンが持っていたチョコレートをもう1枚取り出して、それを3等分して食べた。

チョコレート1枚の値段は99円だとする。ハイキングから戻った後、各自が平等になるように精算をするには、どのようにすればいいだろうか？

ヒント

あまり難しく考えずに、
最も手っ取り早い方法を考えよう。

解答例

ミックがジョンに99円を払うか、チョコレートを1枚渡す。

何回か、チョコレートを3等分したりしているので、99円÷3＝33円などと計算していると、ややこしくなってしまう。

ハイキングから戻った後の、各自の負担を計算すると、

ジョン……チョコレート2枚（198円分）

ポール……チョコレート1枚（99円分）

ミック……なにもなし

すなわち、ミックがジョンに99円を払うか、チョコレートを1枚渡すことで、皆がチョコレート1枚（99円分）の負担となり、平等になる。

Q7

東京タワーと同じ高さの1円玉

問題

1円玉が東京タワーと同じ高さに積まれている。
これを1つの部屋の中に収めることができるか。

ヒント

部屋の大きさが知らされていないのだから
正確な計算はできない。
自分なりの理屈を持って説明してみよう。

解答例

1つの部屋の中に収めることができる。

決まった答えはないが、次のように説明すれば、誰にも納得してもらえるだろう。

東京タワーの高さは333mである。部屋の天井の高さは知らされていないが、普通に考えれば、低くても2mだろう。つまり、東京タワーの166・5分の1の高さである。

ということは、部屋の高さまで1円玉を積んだものが、166・5本部屋の中に収まればいいわけである。これなら小さな部屋でも、可能であろう。

ここでは、もちろん天文学的な数字を正確に計算する必要はない。自分なりの理屈を持って説明できる能力が求められる問題である。

第 2 章

難易度 II

★★

Q8

マンホールの形

問題

マンホールの蓋が四角ではなく丸いのはなぜか。

ヒント

円形と四角形の特性を、
数学的に考えてみよう。

解答例

四角であれば蓋が穴に落ちてしまうから。

正方形を例に考えよう。正方形の対角線は、1辺の$\sqrt{2}$倍。つまり、1辺より長い。ということは、蓋を穴に対して立てて持ち、穴の対角線に蓋の1辺が合うようにすれば、蓋は穴に落ちてしまう。これは、どのような四角形でも同様である。

一方、円であればどの方向でも直径は同じである。蓋をどう持っても、穴には落ちないようになっているのだ。

他にも、「円筒状の穴は掘るのが容易なため」「丸型の蓋は丸いマンホール穴に対して、うまくはまるように回転させる必要がないから」「丸いマンホールの蓋のほうが簡単に転がして移動できるから」等といった理由も挙げられるだろう。

Q9

3種のアメ

問題

オレンジ、リンゴ、ブドウの3つの種類のアメが入った袋がある。目隠しをして、同じ種類のアメを2個取り出さなければいけない。

確実に同じ種類のアメを2個以上手に入れるためには、何個のアメを取り出さなければいけないか。

ヒント

実際に取り出したアメの種類が
最大限分かれたとして、
何パターンになるだろうか。

解答例

4個。

4個取り出したとき、それぞれのアメの種類が最大限バラバラになったとしても、次の3パターンまでである。

オレンジ、オレンジ、リンゴ、ブドウ
オレンジ、リンゴ、リンゴ、ブドウ
オレンジ、リンゴ、ブドウ、ブドウ

このように、少なくとも2個は同じ種類になる。
ここで問われるのは、どういうパターンが考え得るかをシミュレーションする力である。

Q10

3時15分の角度

問題

3時15分のとき、アナログ時計の長針と短針の角度は何度になるか。

ヒント

15分のとき、長針が指す数字は「3」である。しかし正解は0度ではない。3時00分からの15分間で、短針も進んでいるからだ。

解答例

7・5度。

15分は1時間の4分の1である。つまり、短針は3から4の間を4分の1進んでいることになる。

アナログ時計の1時間は360度の12分の1、つまり30度である。これを4で割った7・5度が答えとなる。

まずは「アナログ時計は全体として360度である」ことに着目し、そこから思考を進めていくことがポイントである。

Q11

ゆがんだコイン

問題

あなたは友人とテニスをすることになった。先攻後攻をコイントスで決めたいのだが、手元にあるコインは歪んでいる。

歪んだコインでは、裏が出る確率と表が出る確率が同じではない。つまり、公平な決め方とはならない。

あいにく、あなたも友人も他にコインを持っていない。この歪んだコインを使って、どのようにすれば公平に先攻後攻を決めることができるだろうか。

ヒント

コインをトスする回数は、
1回でなくともよい。

解答例

コインを2回トスして決める。

コインを2回トスした場合、考えられる出方は、
表・表
表・裏
裏・表
裏・裏
である。
コインが歪んでいるため、表・表と裏・裏が出る確率は公平ではない。しかし、表・裏と裏・表の出る確率は等しいはずだ。
そこで、どちらの出方になったときに2人のどちらが先行になるかを決めて、コインを2回トスする。
表・表になった場合と裏・裏になった場合は無効とし、また2回やり直せばよい。

Q12

いくら損したか？

問題

ある酒屋にお客が来て、4000円のワインを選んで5000円札を出した。お釣りがなかった酒屋の主人は、隣の八百屋に自分の1万円札を持っていき、5000円札1枚と、1000円札5枚に両替してもらい、お客にお釣りを返した。しばらくして、手元にある5000円札の手触りに違和感を覚えた酒屋の主人は、交番に届け出たところ、最近出回っているニセ札であることがわかった。

警察官に、「この5000円札は、お客が持っていたものか、八百屋で両替してもらったものか、どっちなの?」と聞かれたものの、もはやどっちなのか、わからなかった。このとき、酒屋の主人の被害額はいくらだろうか?

ヒント

両方のパターンでの
被害額を計算してみよう。

解答例

5000円。

客からもらった5000円札がニセ札だった場合は、客が持っていったワインの金額4000円と、お釣りとして渡した1000円の、合計5000円が損害となる。両替してもらった5000円がニセ札だった場合は、それがそのまま損害となる。すなわち、どちらであっても、被害額は5000円となる。

お金のやり取りが一時に何度も繰り返されると、得をしたのか損をしたのかが、よくわからなくなってしまう。

これは、こと仕事においては日常的に行われていることであり、会社の経理などは、この損得を明確にすることが1つの大きな目的となる。

Q13

金貨と銀貨と銅貨の価値

問題

金貨を1枚両替機に入れたところ、銅貨が4枚出てきた。
次に銀貨を1枚両替機に入れたところ、銅貨が3枚しか出てこなかった。
金貨が6枚欲しいとき、銀貨を何枚入れればいいだろうか?

ヒント

まずは、金貨と銀貨と銅貨の
それぞれの価値の比率を
割り出してみよう。

解答例

8枚。

金貨1枚に対しては銅貨4枚。銀貨1枚に対して銅貨3枚ということは、それぞれの比率は金貨3：銀貨4：銅貨12となる。

つまり、金貨が6枚欲しいとき、銀貨は8枚必要になる。

これは、比率（為替）の基本的な考え方についての問題である。

金貨、銀貨、銅貨をそれぞれ、ドル、円、ユーロとして考えると、イメージしやすいだろうか（もちろん実際の比率とは異なるが）。

ただし、現実の相場というものは、常に変動をしているので、だいぶ複雑であるが……。

第3章

難易度Ⅲ

★★★

Q14

オスの数

問題

ある動物は、オスが生まれるまで子どもを産み続けるという。

1回の出産で生まれてくるのは1頭で、生まれてくる子どもの性別がオスである場合とメスである場合の確率が半々である。

この動物の群れのオスとメスの比率はどうなるか。

ヒント

すべての親が同時に子どもを産んだとして、
オスとメスの割合は半々である。
オスを産んだ親が子作りをやめたらどうなるか？

解答例

半々。

すべての母親に、「最初に産んだのはオスか？」と聞くことができたとしよう。半分がイエスと答えるはずである。

ノーと答えた母親だけを残して聞いてみよう。「2匹目に産んだのはオスか？」。

ここでもイエスと答えるのは半分である。質問の度に母親は半減する。

つまり、1回の質問でイエスとノーが同じ数ずつ出てくるわけである。子どもの性比は、結局、半々なのである。

Q15

扉の先は天国か地獄か

問題

あなたの前に2つの扉がある。片方は天国へ続く扉であり、もう1つは地獄へ続いている。

扉の前には1人の男が立っている。これは人の姿をした天使であるかもしれないし、悪魔かもしれない。

彼に1回だけ質問をすることができる。彼が天使であれば、絶対に本当のことしか答えない。悪魔であれば、嘘だけだ。

あなたは、何と質問すれば天国へと辿り着けるだろうか。

ヒント

このとき、どのように聞けば
1回の質問に二重の意味を
持たせることができるだろうか。

解答例

「こちらが天国ですか、と聞いたとしたら、あなたはイエスと答えますか？」

仮に天国へのドアだった場合、「こちらが天国ですか」と聞いたら、悪魔は「ノー」と答えるはずだ。

しかし、解答例の質問に対して、「ノー」と答えたら、本当のことを（自分が嘘をついてノーと答えるということ）言っていることになる。そのため、悪魔の答えはイエスとなる。

同様に、地獄のドアだった場合を考えると、悪魔は「ノー」と答えることになる。

逆に天使だった場合は、言葉通りに信じればいい。

つまり、天使だろうが悪魔だろうが、解答例の質問に対して「イエス」であれば、そちらへ進めばよい。「ノー」であれば、逆の扉を開ければよい。

Q16

トンボの飛行距離

問題

ある日の朝6時に、博多発、新大阪行きの新幹線が出発した。この新幹線の速度は時速200kmである。

同時刻に、新大阪から博多方面に飛び出したトンボの飛行速度は、時速50kmである。トンボは新幹線の線路からつかず離れず、ジグザクに飛び回り、ときに反対方向に飛んだりしながら、速度は保ちながら徐々に博多方面に近づいていった。

一方、新幹線は途中で遅れることなく、速度を保ちながら、新大阪に向けて走り続けた。すると新幹線が500km走行した時点で、トンボと正面衝突をしてしまった。

このときのトンボの飛行距離は何kmだろうか？

ヒント

トンボの飛び方に、
あまり惑わされないようにしよう。

解答例

125km。

新幹線が時速200kmで、速度を一定にして走行していて、500kmの地点でトンボとぶつかったということは、博多を出発してから2時間30分後ということになる。

トンボはジグザグに飛んでいたが、こちらも速度を時速50kmで一定にして飛んでいたということなので、

50km×2時間半＝125km

ということになる。

何を問われているかをしっかり確認し、その答えを導き出すための、最も合理的な方法を探る力を測る問題である。

Q17

ボウリング球の重さを量る

問題

3種類の色違いで重さも異なるボウリングの球がある（青色の球、黄色の球、赤色の球）。

重さを量って、一番軽いものを選びたいのだが、量りには1回しか乗せられない。

それぞれの重さを量るにはどうしたらいいだろうか？

ヒント

乗せるのは1回しかできないが、
他の方法には制限がかけられていない。

解答例

3つを一度に量りに乗せて、合計の重さを量り、そこから1個ずつ球を取っていくごとに重さを量ることによって、それぞれの重さがわかる。

ヒントにあったように、乗せること以外については制限がかけられていないので（何回取っても大丈夫なので）、この方法をとることで、それぞれの重さを量ることができる。ある制限をかけられた中で、いかにミッションをクリアできるかを考えることで、通常の思考のパターンから脱却することができるはずである。

Q18

双子の300m走

問題

ケンとジョージの双子の兄弟は、家から300mほど離れたところにある中学校に通っている。

ある日、「家から同じ道を走って、どっちが先に学校につくか競争しよう」ということになった。

結果は、ケンが50mもの差をつけてジョージに勝った。

次にケンがスタート地点を、学校から反対方向に50m下げて、2回目の勝負をすることにした。

2人とも1回目の勝負のときと同じスピードで走ったとき、ジョージはケンに勝てるだろうか?

ヒント

2人がどこで並ぶかを
考えてみよう。

解答例

ジョージはケンに勝てない。

1回目の勝負で、ジョージが250m走る間に、ケンは300m走っている。このことから、2回目の勝負では、スタートから250mの地点で並ぶことになる。

ケンはジョージより早く走ることができるため、この後、ジョージはケンに追いつくことはできない。

ジョージが学校方向に50m進んだ地点から競争した場合は、同時に学校に着くことになる。

Q19

右腕の重さを量る

問題

あなたの肘から指先までの腕の重さを、なるべく正確に量るには、どのような方法があるだろうか?

ヒント

まずは、
体積を量る方法を考えよう。

解答例

全身がすっぽり入るくらいの（風呂桶などの）水槽を使う。

1．全身が入るくらいの水槽にお湯をはって水位を測る。
2．肘から先の腕をお湯に入れたときの水位を測る。
3．全身をお湯の中に沈めたときの水位を測る。
4．1～3の水位の差を計算し、腕と全身の体積を計算する。
5．全身の体重をもとに、腕と全身の体積比から、腕の重さを算出する。

実際には、部位ごとに重量は変わってくるものだが、体積をもとに計算する方法が効率的なはずである。

この問題に対する答えは1つではない。他にも様々な方法が考え得るだろう。ここで大切なのは、自ら頭の中でシミュレーションをしつつ理論を構築していくことである。

Q20

ラジコンの滑走路

問題

あなたは、念願だったラジコン飛行機を買うことができた。離着陸には、12mの滑走路が必要になる。

しかし、あなたの家の庭の広さは、10m四方の正方形である。

倉庫には、ショベルカーがあり、穴を掘って勾配を作ることも可能である。

このとき、あなたは家の庭から、ラジコン飛行機を飛ばすことができるだろうか?

ヒント

「10m四方の正方形」のスペースをよく見てみよう。

解答例

勾配をつけずとも、庭からラジコンを飛ばすことは可能である。

10m四方の正方形の対角線の長さは、10m×$\sqrt{2}$=約14.14mとなり、12m以上あるので、何もせずとも、ラジコンを飛ばすことは可能である（次図参照）。

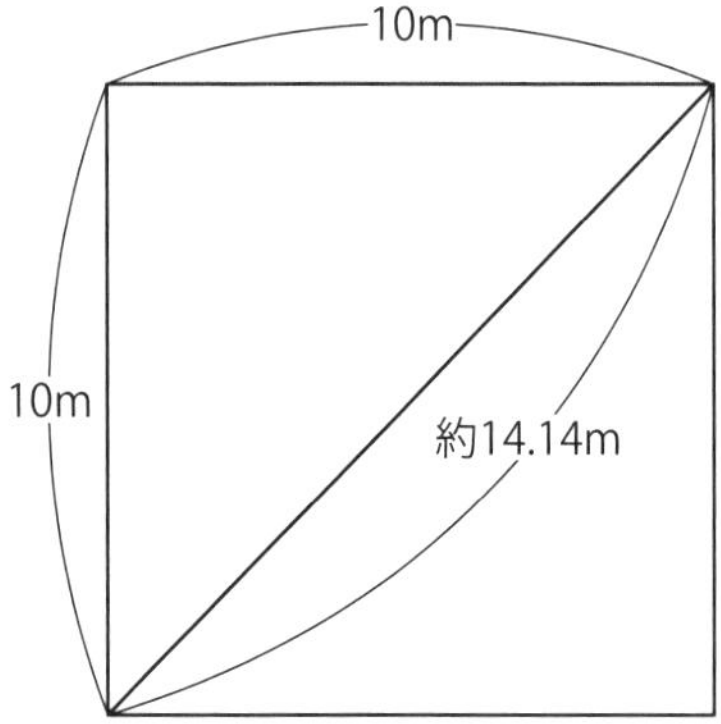

こういう設問のときは、実際に図を描いてみて、検討してみることが有効である。

第4章

難易度Ⅳ

★★★★

Q21

ピアノの調律師

問題

日本中にピアノの調律師は何人いるか。

ヒント

日本にあるピアノの数や、
調律が必要な条件などを推測して
考えてみよう。

解答例

およそ2000人。

調律師の数は、調律に必要なピアノの数と、その調律の頻度で決まるとする。まずはピアノの数であるが、その大半は中流、上流家庭の人たちが所有するものである。日本の人口は、およそ1億2000万人。一世帯当たりの人数を3人と考えると、4000万世帯となる。その内の5％の家庭をピアノを所有している世帯だとすると、日本には200万台のピアノがあることになる。

次に、ピアノの調律だが、日常的にピアノが弾かれている家庭では年に何度か必要だろうが、ほとんど使われていない場合はそんなに必要ないだろう。平均して、年に1回と考える。つまり、1年間に200万回の調律が必要だということがわかる。1人の調律師が1日に5件調律できるとすると、年間200日働いたとして、1000件。調律師の数は、200万分の1000で、2000人となる。もちろんこれが正解であるとはいえないが、解答を導き出すプロセス（考え方）が問われる問題である。

Q22

次に来る数は

問題

次の数列を見て、次の行にはどんな数がくるかを答えよ。

1
11
12
1121
122111

ヒント

直感的な問題である。
声に出して読んでみよう。

解答例

112213。

問題の数式は、2行目から、前行の数字を順に読み上げた数になっている。

2行目：（1行目には）1が1個。
3行目：（2行目には）1が2個。
4行目：（3行目には）1が1個、2が1個。
5行目：（4行目には）1が2個、2が1個、1が1個。

同様に考えて、次の行は（5行目には）1が1個、2が2個、1が3個、となる。
この問題は、一見、何の連続性もないように見えるものから、法則性を見つけ出すものである。

Q23

冷凍庫の中の電気

問題

あなたは大型の冷凍庫を持っている。

ドアを開けると電気がついているのだが、閉めたときに、電気がついているのかどうかがわからない。確認するにはどんな方法が考えられるだろうか？

なお、冷凍庫の中に入ることはできず、壊したり、特殊なアイテムを使ってはいけない。このとき、時間はいくらかかってもいい。

ヒント

時間はいくらかかってもいい
というのを糸口に考えよう。

解答例

中の電球の耐用期間を調べて、それより長い時間、ずっと冷凍庫を閉めておく。

その後、ドアを開けて、電気がまだつくかどうかを確認する。

電気がついていなければ、耐用年数を過ぎてしまっているということになるので、閉めている間、電気はついていたことになるし、電気がつけば、閉まっている間、電気はついていなかったということになる。

「時間はいくらかかってもいい」というところが、解答を導き出す上での、糸口になる問題である。

Q24

2つのグラス

問題

５００mlのグラスと、３００mlのグラスが、それぞれ１つずつある。
この２つのグラスだけを使い、正確に４００mlを量るためにはどうすればよいか。

ヒント

「足す」発想では答えに辿り着けない。
何から何を引けば、
４００㎖となるのか。

解答例

５００mℓに水を一杯に入れ、そこから３００mℓが一杯になるまで水を移す。３００mℓの中の水を捨て、５００mℓに残った水を３００mℓに移す。再度５００mℓを一杯にし、そこから３００mℓが一杯になるまで水を移す。

まず、５００mℓのグラスに一杯になるまで水を入れる。その水を３００mℓのグラスに、一杯になるまで移すと５００mℓのグラスに残っている水の量は２００mℓとなる。

次に３００mℓのグラスに入った水を捨てる。そして５００mℓのグラスに入った２００mℓの水を３００mℓのグラスに移す。

この時点で、３００mℓのグラスには、あと１００mℓだけ入るということになる。

再度５００mℓのグラスを一杯にし、そこから３００mℓのグラスが一杯になるまで水を移す。

５００mℓのグラスに残った量は、５００mℓ－１００mℓ＝４００mℓとなる。

Q25

時速を平均する

問題

ケントは友人のジョーの家まで自転車で時速15kmでやって来た。

翌日、ケントは同じ道を通って、自転車を積んだ車で家まで帰ることにした。

このとき往復の平均時速を30kmとしたいとき、帰りの道は時速何kmで運転しなければならないだろうか？

ヒント

これは単純な平均計算の
問題ではない。

解答例

往復の平均時速を30㎞にするのは不可能である。

ケントの家とジョーの家の距離を仮に90㎞とすると、自転車で時速15㎞で走ったとすると、6時間かかったことになる。

ケントの家とジョーの家の往復の距離は１８０㎞なので、往復の平均時速を30㎞とするためには、往復に要する時間を6時間にしなければならない。

しかし、ジョーの家に来るまでにすでに6時間かかっているので、往復の平均時速を30㎞にするのは不可能である。

なお、ケントとジョーの家までの距離が何㎞であっても、結果は同じである。

この問題は、瞬間的に「時速45㎞」と答えてしまいそうになるが、落ち着いて計算をしてみると、時速を平均するのは不可能であることがわかる。

Q26

2つの砂時計

問題

4分の砂時計と7分の砂時計がある。
この2つを使い、連続して9分を正確に計るためにはどうすればよいか。

ヒント

各時点で、それぞれの砂時計に
「残っている」砂の量に注目しよう。

解答例

2つの砂時計を同時にスタートさせ、4分計の砂が落ちたら、すぐに逆さまにする。次に7分計の砂が落ちたら、すぐに逆さまにする。最後に4分計の砂が落ちたら、7分計を逆さまにする。

まず、2つの砂時計を同時にスタートさせる。

スタートから4分経った時点で、4分計の砂はすべて落ちる。ここで4分計を逆さまにする。その3分後（スタートから7分後）、7分計の砂がすべて落ちたら、7分計を逆さまにする。ここで4分計には1分ぶんの砂が残ることになる。

さらに1分後（スタートから8分後）、4分計の砂がすべて落ちる。この時点で7分計の砂は1分ぶん落ちている。ここで7分計を逆さまにし、1分ぶんの砂が落ち切ったら、スタートから9分経過したことになる。

2つの砂時計の時間差を上手に使うことが、本問を解く上でのカギとなる。

Q27

三角形の上の3匹の猫

問題

三角形の角に、それぞれ1匹ずつ猫がいる。この猫たちは、同時に同じ速さで三角形の辺に沿って歩き出す。

しかし、それぞれがどちらの方向に向かうかは無作為である。

この場合、どの猫も他の猫と出会わない確率はいくらか。

ヒント

どの猫も出会わないパターンは2通りのみ。
3匹ともが時計回りに動くか、
反時計回りに動くかである。

解答例

4分の1。

1匹の猫の視点で考える。

この猫がどちらに進むのか（時計回りか反時計回りか）を決めた時点で、その先にいる猫も同じ方向に動けば、この2匹は出会わないことになる。この確率は2分の1である。

さらにもう1匹の猫も同じ方向に動けば、3匹の猫が出会わないことになる。2分の1×2分の1で、答えは4分の1となる。

「猫が無作為の方向に動く」ということで、多くのパターンがありそうな印象を持ってしまいがちであるが、落ち着いて検証してみると、それほど複雑な計算を必要としないことがわかる。

Q28

3を含む数はいくつあるか

問題

1から1000までの整数に「3」を含む数はいくつあるか。

ただし、3を2つ以上含む数も1つと数える（33を2つ、333を3つと数えてはいけない）。

ヒント

3を含む数はどのような条件に
適合する数なのかを考えよう。

解答例

271個。

3を1つでも含むということを言い換えると、1の位、10の位、100の位のどれかが3であるということになる。

まず、1の位が3の数字はいくつあるか。3、13、23……と考えると、10の位（と100の位）ごとに1つずつあることになる。ここまでで100個。

10の位は、30〜39、130〜139……。つまり100の位ごとに10個ずつあることになる。これも100個となる。しかしこの内1の位が3の数字（10個）はすでに数えているので引いておく。ここまでで190個。

そして100の位は、300〜399までの100個。その内1の位に3がある10個はすでに数えているので引いておく。また、10の位に3がある10個もすでに数えている。ただし、333は1つ前の計算で考慮しているので、ここでマイナスするのは9個となる。

答えは300−10−10−9で271個となる。

Q29

お手伝いのお礼

問題

あなたの子どもは、1日1回お手伝いをしてくれる。その代わりに子どもはチョコレートを求めてくる。

あなたは1枚のチョコレートを持っていて、そのチョコレートには7等分の切れ目が入っている。

お手伝いが終わるごとに、チョコレートを子どもにあげなければいけない。

チョコレートは2回しか割ってはいけないとして、どのようにすればよいか。

ただし、子どもは7日分すべてが揃うまで、チョコレートを食べないものとする。

ヒント

問題文の最後の2行がヒントである。
食べないということは、
返してもらうこともできるということだ。

解答例

初日は端から1つ分を割って渡す。2日目は2つ分を割って渡し、1つ分を返してもらう。3日目は1つ分を渡す。4日目は4つ分を渡し、2つ分と1つ分を返してもらう。5日目には1つ分を渡す。6日目には2つ分を渡し、1つ分を返してもらう。7日目に1つ分を渡す。

初日は端から1つ分を割って渡すしかしかないが、2日目も同様にするとそれ以上割れなくなり、3日目に渡す方法がない。そこで、2日目は2つ分を割って子どもに渡し、初日の1つ分を返してもらうことで、手元には、4つ分の塊と、返してもらった1つ分があることになる。

3日目は、前日に返してもらった1つ分を渡すと、子どもの手元には2つ分と1つ分があり、自分の手元には4つ分が残ることになる。

4日目は、4つ分の塊を渡し、子どもが持っているチョコレートをすべて返してもらう。

5日目は1つ分を渡す。6日目は2つ分を渡し、前日に渡した1つ分を返してもらう。7日目は最後の1つ分を渡せばよい。

Q30

人嫌いが集まるカフェ

問題

あなたはカフェの店主だ。

あなたのお店はカウンター席だけで、1列に7席並んでいる。そうした席の配置のためか、1人客が多い。いつしか、人嫌いの客だけが来るようになった。

客たちは、誰かの隣に座ることはない。その条件を満たす席がなければ、そのまま店を出てしまう。また、必ず他の客から最も離れることのできる席に座ろうとする。

開店して、最初に来た客だけ、あなたの決めた席に案内することができるとすると、どの席に案内すればよいか。

ヒント

最終的に正解となる配置から逆算して考えよう。

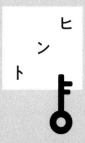

解答例

3番（あるいは5番）に案内する。

●を客が座る席、○が空席だとすると最も客の数が多くなるのは次行の並びである。

●○●○●○●

仮に1人目が端に座ったとすると、2人目はそこから最も離れた逆側の端に座り、3人目は先の2人から離れた席に座ることとなり、4人目の客が座る席がなくなってしまう（次行の図参照）。

●○○●○○●

以下、席の並びを上から順に数えて説明するが、下から数えても考え方は同じである。客が交互に座るようにするためには、まずは3番（あるいは5番）の席に客が座るようにしなければならない。3番の席が埋まっているとすると、次の客は、そこから最も遠い7番の席に座ることになる。その次の客は、それぞれの客から離れたところに座るので、5番、もしくは1番の順番に座ることになり、結果、最も客の数が多い座り方となる。

Q31

ロシアンルーレットの選択

問題

あなたは、因縁の相手とロシアンルーレットをしている。
6発入りの銃の弾倉に、2発の弾を隣り合わせて入れることにした。
弾倉を回した後、最初に、相手が自分の頭に向けて引き金を引いた。
「カチッ!」
弾は出なかった。
次はあなたの番だ。このとき、そのまま引き金を引いたほうがいいだろうか?
それとも、もう一度弾倉を回したほうがいいだろうか?

ヒント

弾倉を回さなかった場合と
弾倉を回した場合の、次に弾が出てしまう
確率の計算をしてみよう。

解答例

弾倉を回さないほうがいい。

6発分のうち4発分は空であるので、弾倉を回すと、振り出しに戻ってしまい、セーフの確率は6分の4、つまり3分の2となる。

弾倉を回さない場合はどうか？ 弾は2発が隣り合っているので、空の4発分は連続している。相手は、そのうちの1つに当たったのでセーフだった。

この4発分のうち3発分は隣も空である。後の1発は、次に弾がある。つまり、弾倉を回さなかった場合、隣も空である確率は4分の3ということになる。

すなわち、弾倉を回さないほうが、セーフになる確率は高くなるのだ。

Q32

厚さ0・1㎜の紙を
20回折る

問題

特殊クレーンを使い、一辺が50m、厚さ0・1mmの紙を20回折って「ハウステンボス」のシンボルタワー「ドムトールン」(高さ105m)の高さまでにしようと思い、作業を進めたのだが、途中で断念することになった。

理論上は可能なはずだが、ある工程を省いたためにだめになってしまった。その工程とは一体何だろうか?

ヒント

断念の理由は、
「折れなくなってしまったから」

解答例

折り目で紙を切らなかったから。

紙を1回折るとその厚さは2枚分、2回折ると4枚分（2の2乗）、3回折ると8枚分（2の3乗）となるから、20回折ったときは、2の20乗＝104万8576枚分となるので、紙の厚さは、0.1㎜×104万8576＝10万4857.6㎜＝104.8576mで、約105mとなる。

また、1回紙を折っただけだと、縦か横の1辺しか半分にならない。もう1回違う方向に折ることで、縦も横も半分の長さになる。つまり、20回折ることによって、1辺は10回、半分になることになる。すなわち、紙の1辺は2の10乗分の1（1024分の1）となるので、1辺が50mの紙であれば、1辺は約5㎝となり、理論上は可能である。

しかし、折るごとに紙を切らないと、そこまでの「高さ分の紙」が必要になるため、折れなくなってしまう。

第5章

難易度V

★★★★★

Q33

IとCが示すもの

問題

次のアルファベットの並びの続きはどのようなものになるか。
III、ICC、C、IC

ヒント

「I」と「C」は何を表しているか。
それぞれの形から考えよう。

解答例

「I」は直線を、「C」は曲線を表す。

大文字のAは直線3本からなる。そのため、「III」。

Bは1本の直線と2本の曲線からなるため、「ICC」だ。

Cは曲線1本だから、「C」。

Dは直線1本と曲線1本で「IC」となる。

次に続くのは、Eだ。よって答えは「IIII」となる。

ある意味、最も単純だが、最も頭を捻らないと解答を導き出すことができない問題である。

Q34

1億円ゲーム

問題

あなたは、あるゲームに参加している。あなたは2つの空の箱と、額面1億円のお札10枚と、額面マイナス1億円のお札10枚を渡された。

あなたは、好きなようにこのお札を2つの箱に振り分けることができる。

あなたがお札を振り分けた後、ゲームの主催者が2つのうち，どちらかの箱の中に手を入れて1枚を取り出す。取り出したものが額面1億円のお札だった場合は、あなたはめでたく1億円を手にすることができるが、額面マイナス1億円のお札だった場合は、あなたは1億円を支払わなければならない。

さて、あなたが最も高確率で1億円を手にするためには、どのように振り分ければいいだろうか？

ヒント

この方法だと、１億円を手にできる確率は、約73・７％となる。

解答例

1つの箱に、額面1億円のお札を1枚だけ入れて、もう1つの箱に額面1億円のお札9枚と額面マイナス1億円のお札10枚を入れる。

ゲームの主催者がどちらの箱を選ぶかの確率は50％なので、主催者が額面1億円のお札が1枚だけ入った箱を選んだ場合は、あなたはめでたく1億円を手にすることができる。もし主催者がもう一方の箱を選んだとき、額面1億円のお札を主催者が取り出す確率は、19分の9となる。

この方法をとった場合のあなたが1億円を手にする確率は、

（ゲームの主催者が額面1億円のお札が1枚入った箱を選ぶ確率×このとき1億円を手にできる確率）＋（ゲームの主催者がもう一方の箱を選ぶ確率×このとき1億円を手にできる確率）＝（50％×100％）＋（50％×9／19）＝約73.7％

となり、このとき、最も高確率で1億円を手にすることができる。

Q35

一流選手の選抜率

問題

ある実業団で野球チームを結成することになった。

監督には、実績のある人に来てもらうことができた。これから広く募集をかけて、選手の入団テストを行うことにした。

ただ、応募してくる選手たちのうち、本当に能力がある人材は5％しかいない。

また、採用担当の監督も、本当に選手に能力があるかどうかを見極める力は、60％程度である。

このとき、監督が採用する選手たちのうち、本当に能力がある選手の割合は何％となるだろうか？

ヒント

監督が合格にした人と、落とした人、
それぞれにおける「能力がある選手」の
確率を計算しよう。

解答例

約7・3％（3／41）

仮に監督が面接をする選手の人数を100人とすると、このうち本当に能力がある選手は5人となる。

また、監督が選手の能力を見極める力は60％なので、この5人のうち3人が監督によって能力ありとされることになる。

監督が選手の能力を正しく判断する確率は60％なので、能力がない95人のうち57人は監督によって正しく「能力なし」と判断され、残りの38人は監督によって「能力あり」と間違って合格にされる。

すなわち3人＋38人＝41人を合格にすることになり、そのうち本当に能力がある選手は3人なので、その確率は、約7・3％（3／41）である。

Q36

時計の長針と短針

問題

時計の長針と短針は、1日に何度重なるか。

ヒント

長針と短針は、どちらも一定の早さで動く。
したがって、重なる間隔は一定となるはずだ。
その前提を持った上で考えよう。

解答例

22回。

00時00分から考えると、1時間後、1時00分の段階で、長針は0の位置にあり、短針は1の位置にある。そこから長針が短針を追いかけるのだが、短針があった1の場所に辿り着いた時点で、短針はそこから少し先に動く。つまり、長針と短針が重なる間隔は「65分と少し」であることが分かる。

次に、12時間で何回重なるかを考える。時計の針は午前と午後とで同じ動きをするため、12時間の内に重なった回数を2倍すれば答えが導き出せることになる。12時間で12回重なることはない。もしそうならば、2つの針が重なる間隔は1時間ちょうどであることになってしまう。実際には、2つの針が重なる間隔は「65分と少し」であることがわかっている。したがって、12時間で重なる回数は11回だ。問題に対する答えは、22回となる。ただし、1日の始まりである00時00分の瞬間を、その日の終わりとしてもう1回数えるのであれば、23回となる。

Q37

欠陥品のゴルフボール

問題

ゴルフボールが8つある。

その内1個は欠陥品で、他の7つより重くなっている。

天秤を2回だけ使って、どれが欠陥品かを見分けよ。

天秤は、両側に皿がついている単純なもので、どちら側が重いかは分かるが、どれだけの差があるかは分からない。

ヒント

天秤は、左右どちらが重いかを知るためのものではなく、左右が同じであるかどうかを知るための道具と考えよう。

解答例

まずは3つずつ比べる。

最初に、任意の6つを左右の皿に3つずつ乗せる。

ここで次の2通りの結果が考えられる。

1つ目の結果は、左右が同じ重さだった場合である。このとき、1回目の計量で天秤に乗せなかった2つのゴルフボールを比べてみる。その結果、重いほうが欠陥品であることが分かる。

2つ目の結果は、1回目の計量でどちらかが重かった場合である。このとき、重かったほうの3つから2つを選んで比べてみる。もしどちらかが重い場合は、それが欠陥品である。もし同じであれば、天秤に乗せなかったものが欠陥品である。

Q38

サプリメントの種類

問題

サプリメントの錠剤が数十個入った袋が5つある。この中で、1つだけ種類が違うサプリメントが入った袋があるという。

すべてのサプリメントが同じ色、同じ形状をしている。違いを見分けるための方法は、重さだけである。1錠の重さは1グラムで、種類の異なるサプリメントだけが0・9グラムである。

計量器があって、1回だけ重さを測定することができる。どうすれば、種類の違うサプリメントが入った袋を見つけることができるか。

ただし、同じ袋の中に、種類の違うサプリメントが混在していることはないとわかっている。

ヒント

それぞれの袋から取り出す
サプリメントの数が、
同じである必要はない。

解答例

1つ目の袋から1錠、2つ目の袋から2錠、3つ目の袋から3錠、4つ目の袋から4錠、5つ目の袋から5錠取り出して、重さを量る。

1つの方法は、袋に1から5の番号を付け、1番から1錠、2番から2錠、3番から3錠、4番から4錠、5番から5錠取り出して量る方法である。もしすべて1グラムのサプリメントであるならば、1グラム+2グラム+3グラム+4グラム+5グラムで、15グラムになるはずだ。実際には、種類の異なるサプリメントの錠数分だけ、重さがマイナスとなる。仮に14・6グラムだとしたら、0・4グラムマイナスであるから、4番が種類の異なるサプリメントであることがわかる。

ただ、より簡単に答えを導き出せる解答もある。それは、量る袋は1番から4番までとし、1錠+2錠+3錠+4錠で、合計10錠を量る方法だ。この場合、合計が10グラムより少なければ、先の解答と同様に答えがわかる。10グラム丁度であれば、5番が種類の異なるサプリメントだということになる。

Q39

崩れそうな橋を渡る4人の旅人

問題

４人の旅人、Ａ・Ｂ・Ｃ・Ｄは、夜中に崩れそうな橋を渡らなければならない。

真っ暗なので、懐中電灯で足元を照らしていないと、歩けない。

橋はところどころ朽ちており、同時に渡れるのは２人まで。懐中電灯は１つしかない。

すなわち、全員が橋を渡り切るまで、対岸に行ってしまった懐中電灯を、こちらの岸まで持ってこなければならないのだ。

４人の歩く速さはそれぞれに異なる。

Ａは１分で橋を渡ることができ、Ｂは２分、Ｃは５分、Ｄは10分かかる。

橋は17分後に崩れてしまう。どうすれば４人は橋を渡ることができるか。

ヒント

それぞれの橋を渡る速さは決まっているが、
遅いほうのペースに合わせて、
２人が同時に移動することは可能である。

解答例

最初にAとBが向こう岸に渡り、Aがこちらに戻る。次にCとDが向こう岸に渡り、Bが懐中電灯を持ってこちらに戻る。最後にAとBが一緒に向こう岸へ渡る。

このとき、最も足の速い者が、他の者を1人ずつ向こうへ連れていく方法が最短となるはずだ。しかしその場合、AとBが向こうへ渡り（2分）、Aが戻る（1分）。AとCが向こうへ渡り（5分）、Aが戻る（1分）。AとDが向こうへ渡る（10分）。合計19分となってしまう。

ここで着目すべきは、「対岸にある懐中電灯をこちらの岸まで持ってこなければならない」である。そう、懐中電灯を持って帰ってくるのは、今橋を渡った「どちらか」でなくてもいいのである。つまり、以下のようにすればいい。

まず、最初にAとBが向こう岸に渡り（2分）、A（Bでも可）がこちらに戻る（1分）。次にCとDが向こう岸に渡り（10分）、B（Aでも可）が懐中電灯を持ってこちらに戻る（2分）。最後にAとBが一緒に向こう岸へ渡る（2分）。これで17分となる。

Q40

トランプの裏と表

問題

あなたは、真っ暗な部屋で数十枚のトランプを渡された。

その内X枚は表が上を向いており、残りは下を向いている。

Xの数は知らされるが、どのような順番で重ねられているかはわからない。

カードを2つに分け、どちらにも表が上を向いたカードが同じ数あるようにするためには、どうすればいいか。

ヒント

真っ暗闇の中、カードが裏か表かを見る方法はない。ただし、カードを裏返しにすることはできる。

解答例

上から数えてX枚を取り、裏返しにする。

まず、カードが全部でN枚あるとしよう。上から数えてX枚を取る。これでカードは2つの山に分かれる。

取った山の中にある表向きのカードの数をYとする。この山を裏返すと、それぞれのカードの裏表が逆転する。つまり、X枚の中にある表向きのカードはX－Y枚となる。

さて、残った（裏返さなかった）山の中に、表向きのカードの数は何枚あるだろうか。全体で表向きのカードはX枚あり、その内Y枚が裏返しにした山の中にあるわけだから、答えはX－Y枚となり、裏返しにした方の山と同じ数になる。

Q41

速い馬を3頭選ぶ

問題

25頭の競走馬がいる。
足の速さで1番から3番を決めるためには、何回レースをすればよいか。
一度のレースでは5頭までしか走らせることはできない。
また、タイムを計ることはできない。

ヒント

あるレースで馬Ａが馬Ｂに勝ち、
別のレースで馬Ｂが馬Ｃに勝った場合、
馬Ａは馬Ｃより速いことになる。

解答例

7回。

まず、一度に5頭しか走れないわけだから、最低でも5回は必要だと考えよう。

それぞれのレースを予選と考え、1位になった5頭で決勝レースをする。ゴールした順にA・B・C・D・Eとする。この結果、Aは1位で間違いない。しかし、B・Cが正解であるとは限らない。B・Cには、まだ戦っておらず、自分より早い可能性のある馬が残されているからだ。まず、Aが1位になった予選レースで2位と3位に入った馬である。この2頭がBとCより早い可能性はある。次に、Bが1位になった予選レースで2位に入った馬である。この馬がCより早い可能性は残っている。

整理すると、Aの他に可能性が残されている馬は、BとC、Aが1位になった予選レースで2位と3位になった馬、Bが1位になった予選レースで2位になった馬の合計5頭だ。この5頭でレースをして、1位と2位に入った馬が、全体の2位と3位となる。

よって、答えは7回だ。

Q42

車の中の風船

問題

あなたは自動車に乗っている。
自動車の床にはヘリウム風船が紐で結び付けられている。窓は開いていない。
アクセルを踏むと風船はどうなるか。
次の3つから選び、その理由も答えよ。

①前に傾く
②後ろに傾く
③まっすぐのまま

ヒント

水平であるかどうかを調べるためのアルコール水準器は
ガラス管の中に色の付いた液体と気泡が入っていて、
水平な面の上に置くと気泡はガラス管の中心に浮かび、
水平でなければ高いほうに移動する。

解答例

①前に傾く。

アルコール水準器で気泡が浮かび、高いほうへ移動するのは、重力が液体を引っ張っているからだ。そのことにより、液体より軽い空気が高いほうに押されていく。

風船の紐をほどいた状態を考えてみよう。ヘリウムは空気より軽いから、当然風船は車の天井にくっつく。これがちょうどアルコール水準器と同じ状態になる。車の中には空気が満たされており、それより軽いヘリウムが上に浮かんでいる。

アクセルを踏んで加速すると、人の体が後ろに押されるように、空気も後ろへ押される。するとどうなるか。後ろに移動する空気に押されて、風船は前に傾くのだ。

ちなみに、減速すれば後ろに傾き、カーブを曲がれば、遠心力で空気が押されることで、風船は回転の中心へ傾く。

この問題は、ヒントを十分に考慮に入れて考える必要がある。すぐに「わからない」とするのではなく、与えられたあらゆる材料から類推する力が問われるものである。

Q43

2本の線香

問題

線香が2本あり、どちらも40分で燃え尽きる。

ただし、早く燃える部分とゆっくり燃える部分があり、同じ速さで燃えていくわけではない。そのバラつきも、2本で異なる。

この2本の線香とライターを使って、30分を計るにはどうすればいいか。

ヒント

まずは、
20分を計る方法を考えよう。

解答例

1本の線香の両側に火をつけ、同時にもう1本の片側に火をつける。両側に火をつけたほうの線香が燃え尽きたら、もう1本の火のついていない片側に火をつける。

40分の線香で、40分以外の時間を計る方法はないだろうか。簡単に思いつくアプローチは、折ることだ。40分の線香を2分の1の長さに折れば20分計ることができる。4分の3の長さに折ることができれば、すぐに正解となる。しかし、問題には、燃えるスピードは均一ではないとある。他に手はないか。それは、両側に同時に火をつけることだ。燃える速さは関係ない。両端から燃え進む火がぶつかった瞬間、つまり線香が燃え尽きた時点で、半分の20分が経ったことになる。ここから残りの10分を計ることができればいい。

正解は次の通りである。1本の線香の両側に火をつける。同時に、もう1本の線香の片側に火をつける。両側に火のついた線香が燃え尽きた時点で、20分経過したことになる。この時点でもう1本には20分の残りがある。そこで、残った線香の火のついていない側の端に火をつければ、20分の半分を計ることができる。合計で30分だ。

伊東《いとう》 ケイイチ

1979年生まれ。

大学卒業後、外資系企業に入社。

入社後に受けた社内研修で、それまでの自分の固定概念が崩されるような経験をしたことがきっかけとなり、それ以降、様々な思考の形を研究するようになる。

本書が初の書籍となる。

世界基準の脳ミソのつくり方

2018年 5 月22日　初版発行

著　者　　伊東 ケイイチ

発行者　　野村 直克
ブックデザイン　　藤塚 尚子（e to kumi）
発行所　　総合法令出版株式会社
〒103-0001
東京都中央区日本橋小伝馬町15-18
ユニゾ小伝馬町ビル9階
電話　03-5623-5121（代）

印刷・製本　　中央精版印刷株式会社
 ISBN978-4-86280-622-2
落丁・乱丁本はお取替えいたします。
総合法令出版ホームページ http://www.horei.com/